Alim-un- Nisa
Kainat Abbas
Asma Saeed

Maravilhas do Shilajit

Alim-un- Nisa
Kainat Abbas
Asma Saeed

Maravilhas do Shilajit

Uma viagem aos benefícios desta resina milenar

ScienciaScripts

Imprint

Cover image: www.ingimage.com

This book is a translation from the original published under ISBN 978-620-5-63763-0.

Publisher:
Sciencia Scripts
is a trademark of
Dodo Books Indian Ocean Ltd. and OmniScriptum S.R.L publishing group

120 High Road, East Finchley, London, N2 9ED, United Kingdom
Str. Armeneasca 28/1, office 1, Chisinau MD-2012, Republic of Moldova, Europe
Printed at: see last page
ISBN: 978-620-7-39524-8

Maravilhas do Shilajit:

Uma viagem aos benefícios desta resina milenar

ÍNDICE DE CONTEÚDOS

Introdução do Shilajit 3

Fitoquímica e propriedades físicas do Shilajit 18

Shilajit: Usos, importância e benefícios 23

Shilajit: Inofensivo e efeitos secundários 34

Atividade antimicrobiana do Shilajit 38

Perspectivas futuras do Shilajit 44

Referências 46

Introdução do Shilajit

♦ O que é o Shilajit?

A palavra "Shilajit" é sânscrita e deriva de duas palavras: **"Shila"**, que significa pedra, e **"jit"**, que significa conquistado ou ganho. Assim, Shilajit pode ser traduzido como "conquistador de montanhas" **ou "destruidor de fraquezas"**. Outros nomes para esta substância incluem Shilajeet, Silaras, ou Shilajatu. O Shilajit é uma exsudação castanha-clara a castanha-escura, de consistência variável, que exsuda das camadas de rochas das cadeias montanhosas deste mundo, especialmente das cadeias dos Himalaias e do Hindu Kush do subcontinente indiano.

O shilajit ou **salajeet** é um produto orgânico-mineral natural de origem biológica predominantemente natural, formado nas montanhas (nas fendas e grutas das montanhas). O Shilajit é uma substância pegajosa, semelhante ao alcatrão, encontrada nas rochas dos Himalaias, Altai, Cáucaso e outras cadeias montanhosas. O Shilajit não é derivado de uma planta, em vez disso, é uma substância orgânica-mineral complexa que escorre das rochas nas regiões montanhosas. A formação do Shilajit é o resultado da decomposição da matéria vegetal e microbiana ao longo dos séculos. O Shilagit é utilizado na medicina tradicional ayurvédica há séculos e acredita-se que tenha vários benefícios para a saúde. É frequentemente consumido como suplemento alimentar e é rico em minerais e outros compostos orgânicos.

Figura n.º 1: Esta imagem mostra o pedaço de Shilajit

♦ Origem do Shilajit:

A origem do shilajit é objeto de diferentes pontos de vista. Diz-se que se formou como resultado da decomposição de rochas petrolíferas por micróbios. As primeiras teorias (pré-científicas) sugeriam que a composição inorgânica do shilajit (ouro, prata, cobre e ferro) e a sua génese nas montanhas.

Durante a última parte dos anos 1900, acreditava-se que o shilajit era originário de excrementos de roedores em rochas e dejetos de animais, como morcegos.

As teorias modernas afirmam que o shilajit é uma planta e que, muito provavelmente, consiste em subprodutos fossilizados de restos de plantas que sofreram transformação devido à pressão das rochas.

Figura n.º 2: Esta imagem mostra o Shilajit nas montanhas

♦ Nomes nativos e classificação botânica do Shilajit:

	Nomes nativos e classificação botânica
Nome inglês	Asfalto negro, cera mineral e piche mineral
Nome nepalês	Kalo Shilajita
Nomes em sânscrito	Shailobhava, Shaileya, Girijaatu, Shaila, Shailadhatuja, Adrija, Shilasweda, Shilamaya, Shila Niryasa, Gaireya e Ashma Laksha
Nome Bengali	Silajatu
Nomes locais	Baragshun, Barahshin, Dorobi e Shargai
Nome persa	Mumiya
Nome Malayalam	Kanmada
Nome Botânico	Betume Mineral

♦ História do Shilajit:

A história do Shilajit remonta a milhares de anos, com a sua utilização profundamente enraizada na medicina tradicional e nas práticas culturais. Aqui está uma visão geral do desenvolvimento histórico do Shilajit:

- **Textos antigos de Ayurveda:**

O shilajit faz parte da medicina ayurvédica há mais de 2000 anos. É mencionado em textos antigos, como o Charaka Samhita e o Sushruta Samhita. Estes textos descrevem o Shilajit como uma substância que pode aumentar a resistência física e mental, promover a longevidade e rejuvenescer o corpo.

- **Crenças culturais e utilizações tradicionais:**

O Shilajit tem um significado cultural em várias regiões, incluindo a Índia, o Tibete, a Ásia Central e o Médio Oriente. Tradicionalmente, acredita-se que é uma substância potente para promover a saúde geral, a vitalidade e a força. Diferentes culturas incorporaram o Shilajit nas suas práticas tradicionais de cura.

- **Rasayana Ayurvédica:**

Na Ayurveda, o Shilajit é classificado como um Rasayana, uma categoria de substâncias que são consideradas rejuvenescedoras e promotoras da longevidade. Acredita-se que tem propriedades adaptogénicas, ajudando o corpo a adaptar-se ao stress e a manter o equilíbrio.

- **Anedotas históricas:**

Textos históricos e anedotas mencionam a utilização do Shilajit por vários governantes e elites em diferentes culturas. Era por vezes considerado uma substância rara e valiosa, reservada aos detentores de posições de poder ou aos que procuravam aumentar a vitalidade.

- **Recolha e colheita:**

Tradicionalmente, o Shilajit é recolhido de rochas em regiões montanhosas. O processo de recolha envolve a recolha da substância resinosa que escorre das rochas durante os meses mais quentes. É depois purificada e transformada para várias utilizações medicinais.

- **Interesse científico moderno:**

Embora o Shilajit tenha uma longa história de utilização tradicional, a investigação científica moderna sobre as suas propriedades começou no século XX. Os investigadores têm estado a investigar a sua composição química, potenciais benefícios para a saúde e segurança. Alguns estudos sugerem propriedades antioxidantes e anti-inflamatórias, mas é necessária mais investigação para obter provas conclusivas.

A história do Shilajit está entrelaçada com as práticas culturais e medicinais das regiões onde se encontra. A sua utilização duradoura ao longo dos milénios reflecte a perceção do valor desta substância natural na promoção da saúde e do bem-estar.

- **Tipos de Shilajit:**

Existem diferentes tipos de shilajit, e as variações podem ser atribuídas a factores como a localização geográfica, as rochas específicas de onde é extraído e as condições em que é colhido. Aqui estão alguns tipos de shilajit:

- **Minerais com teor de ouro (Charka Samhita Shilajit):**

O shilajit que está a sair destas rochas é de cor púrpura-avermelhada e tem Madhura, Tikta Rasa e Katu Vipaka. O shilajit é semelhante a uma flor de hibisco.

- **Pedras com teor de prata (Rajat Shilajit):**

De cor branca, com um Katu Rasa e Madhura Vipaka, é o shilajit que emerge destas rochas.

- **Pedras que contêm cobre (chamadas Tamra Shilajit):**

Este tipo de rochas exala um líquido azulado-púrpura que se assemelha à garganta de um pavão e exibe Tikta Rasa e Katu Vipaka.

- **Minerais com teor de ferro (Lauha Shilajit):**

Considerada a melhor variedade, a exsudação apresenta Tikta e Lavana Rasa e assemelha-se à goma Guggulu (Commiphora mukul).

- **Shilajit dos Himalaias:**

Este tipo é originário da cordilheira dos Himalaias e é talvez o mais conhecido. Encontra-se em países como a Índia, o Nepal, o Butão e o Tibete.

- **Altai Shilajit:**

Altai é outra cadeia de montanhas onde o shilajit é encontrado, e o shilajit desta região pode ter a sua própria composição única.

- **Shilajit caucasiano:**

O shilajit da cordilheira do Cáucaso é menos conhecido, mas também está disponível.

- **Shilajit afegão:**

O Afeganistão é outra região onde o shilajit é colhido.

- **Dabur Shilajit:**

Dabur é uma marca bem conhecida que vende produtos de shilajit. Embora a fonte nem sempre seja especificada, o produto é frequentemente uma forma processada de shilajit.

É importante notar que a qualidade e a composição do shilajit podem variar com base na sua fonte e nos métodos de processamento. A autenticidade e a pureza são cruciais na compra de suplementos de shilajit, uma vez que o mercado pode por vezes ser inundado com produtos de baixa qualidade ou adulterados. Se estiver a pensar em utilizar o shilajit, recomenda-se que o compre a fontes reputadas e, se possível, consulte um profissional de saúde ou um médico ayurvédico para obter orientação.

♦ Disseminação geográfica do Shilajit:

O shilajit encontra-se principalmente nas regiões montanhosas do mundo, com a sua disseminação geográfica a abranger várias cadeias de montanhas. A substância está particularmente presente nos Himalaias, onde é extraída de rochas a grandes altitudes. As montanhas Altai, localizadas na Ásia Central e Oriental, são outra região importante onde o Shilajit é encontrado. Além disso, é descoberto nas montanhas do Cáucaso e noutras áreas montanhosas caracterizadas por formações rochosas. As condições geológicas únicas destas regiões contribuem para a formação do Shilajit, uma substância resinosa que escorre das rochas como resultado da decomposição de matéria vegetal e microbiana durante longos períodos. A utilização histórica do Shilajit na medicina tradicional está intimamente ligada às suas origens geológicas, uma vez que as culturas destas regiões montanhosas o veneraram pelas suas alegadas propriedades promotoras da saúde. A disseminação do Shilajit por diversas cadeias montanhosas destaca a sua ligação a ambientes geológicos específicos, onde tem sido valorizado durante séculos em várias práticas culturais e medicinais.

Figura nº 3: Esta imagem mostra o Shilajit nas montanhas

- **Propriedades do Shilajit:** As características do Shilajit são as seguintes
  - Pode servir como um anti-inflamatório.
  - Pode possuir qualidades antioxidantes.
  - Pode conter qualidades que melhoram a memória.
  - Pode ter propriedades anti-Alzheimer.
  - Pode reduzir os níveis de açúcar no sangue e possui qualidades anti-asmáticas.
  - Pode possuir propriedades anti-tumorais.
  - Pode ter qualidades digestivas; pode melhorar a saúde do fígado, dos rins e do coração; e pode ajudar nas convulsões.

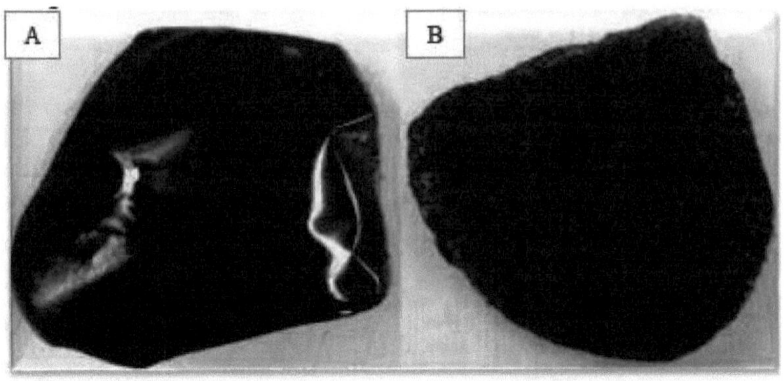

Figura No4:(A) Esta imagem mostra o Shilajit indiano(B) esta imagem mostra o Shilajit paquistanês

♦ Propagação do Shilajit:

O Shilajit é uma substância natural que se forma nas rochas das regiões montanhosas e não se propaga como as plantas ou os organismos vivos. É o resultado da decomposição de matéria vegetal e microbiana durante longos períodos, e escorre para fora das rochas durante os meses mais quentes.

A recolha do Shilajit envolve a colheita da substância resinosa de rochas em áreas montanhosas. Não existe cultivo ou propagação do Shilajit no sentido tradicional, uma vez que não é um organismo vivo com um ciclo de vida que possa ser gerido ou cultivado. O método tradicional de recolha do Shilajit envolve a recolha da resina à medida que esta exsuda naturalmente das rochas. Este processo é normalmente efectuado em regiões onde o Shilajit é encontrado, como os Himalaias, Altai, Cáucaso e outras cadeias de montanhas. É importante notar que a recolha e utilização do Shilajit deve ser feita de forma responsável e sustentável para preservar o ambiente natural e garantir a disponibilidade contínua desta substância. Se estiver interessado em usar o Shilajit, recomenda-se que o obtenha de fornecedores respeitáveis que aderem a práticas de colheita éticas e sustentáveis.

♦ Produtos de Shilajit:

A partir da minha última atualização de conhecimentos em janeiro de 2022, vários produtos de shilajit estavam disponíveis no mercado, cada um comercializado por marcas diferentes. Tenha em mente que a disponibilidade e as formulações dos produtos podem mudar, e novos produtos podem ter sido introduzidos desde a minha última atualização. Aqui estão alguns exemplos de produtos de shilajit:

Sr.	Marca	Formulário	Sobre este artigo	Imagem

		do item		
1	Hima Shilajatu	Gel	Shilajit Purest Resina de Shilajit dos Himalaias - Grau Ouro 100% Puro Shilajit com Ácido Fúlvico e 85+ Complexo de Minerais Vestigiais para Energia e Apoio Imunitário, 30 Grams	
2	Blisque	Resina	Blisque - Suplemento de Resina de Shilajit Orgânica Pura dos Himalaias | Autêntica e Natural | Grau Dourado A | Contém Ácido Fúlvico e Minerais Vestigiais | 60 Grams	
3	Sennasi	Gel	Shilajit Pure Himalayan Organic Shilajit Resin - 600mg Maximum Potency Natural Organic Shilajit Resin com 85+ Trace Minerals & Fulvic Acid for Energy, Immune Support, 30 Grams	

4	Nutrição aSquared	Cápsula	aSquared Nutrition Shilajit 1000mg - 120 Cápsulas - Suplemento de Extrato de Shilajit Puro e Comprimidos de Complexo em Pó - Ácido Húmico e Fúlvico Natural e Minerais Vestigiais - Alternativa à Resina e Gotas	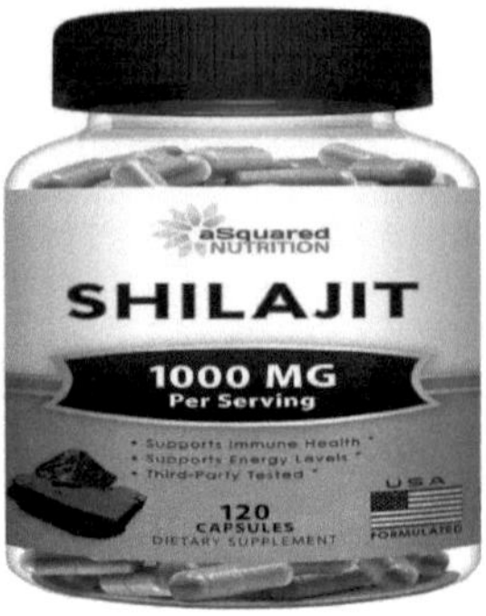
5	Suplementos de madeira dupla	Cápsula	Cápsulas de Shilajit Puro dos Himalaias (Suplemento de Ácido Fúlvico a 20%) 1.000mg de Extrato de Shilajit Autêntico por dose, 120 Contagens (Rico em Minerais Vestigiais, Sem Enchimentos, Fabricado nos EUA) por Double Wood	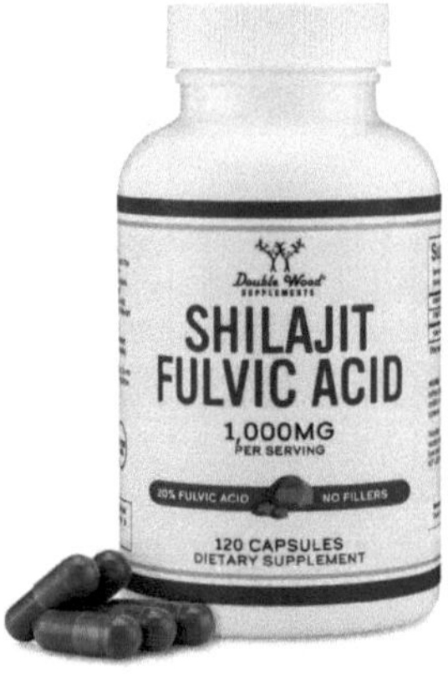

6	Guindila	Gel	Suplemento de Shilajit 800mg - Resina de Shilajit Orgânica Pura dos Himalaias com Potência Máxima, Original dos Himalaias com 85+ Minerais vestigiais e Ácido Fúlvico para Concentração e Energia, Imunidade, 30 Grams	
7	CYMBI OTIKA	Gel	CYMBIOTIKA Resina pura de Shilajit com ouro elementar, ácido fúlvico, mais de 84 minerais, suplemento digestivo e imunitário para apoiar a concentração e a energia, saúde geral, alta potência, vegan, não OGM, frasco de 15g	

8	Shilajit	Cápsula	Dabur Shilajit Ayurvedic Capsules - 30 cápsulas | Pure Shilajit with Antifatigue, Anti Inflammatory Benefits | For Vigour & Strength | Immunity Booster | Ayurvedic Health Tonic	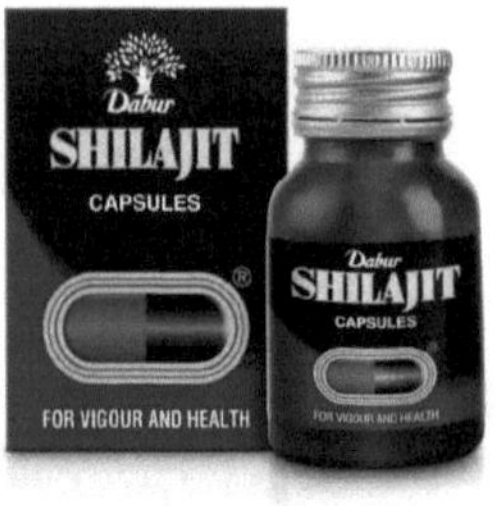
9	Elikadur	Cápsula	Suplemento de Shilajit 2000 MG, Resina de Shilajit Orgânica, Cápsulas de Shilajit, Shilajit 100% puro com mais de 85 minerais vestigiais e 60% de ácido fúlvico, Aumenta a energia e a imunidade, Vegetariano, Natural, 60 cápsulas	
10	Kapiva	Resina	Kapiva Shilajit Gold Resin - 20g | Ajuda a aumentar a resistência | Contém ouro de 24 quilates | 100% ayurvédico	

11	Nirvasa	Cápsula	Nirvasa Shilajit Cápsulas (800 mg) com Safed Musli, Ashwagandha & Kaunch Beej | Purest Shilajit - 60 Cápsulas Embalagem de 1	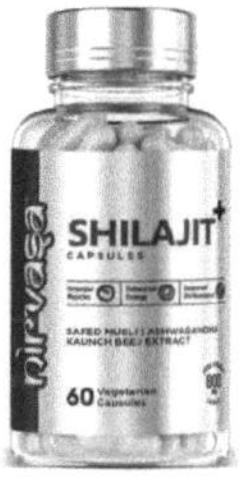
12	Formen	Tablet	ForMen Shilajit Ashwagandha Comprimidos para homens | Aumenta a imunidade, força e resistência | Suplementos ayurvédicos para aumentar a resistência dos homens - 30 comprimidos	
13	Cuidados arrojados	Resina	Bold Care Himalayan Shilajit Resin - 20 gm (20 gm (Embalagem de 1))	

14	PRODUTOS BIOLÓGICOS DO HIMALAIA	Líquido	Himalayan Organics 100% Pure Shilajit/Shilajeet Resin para aumentar o desempenho, a potência, a resistência, a força com ácido fúlvico e mais de 85 minerais para energia, potência máxima I - 20g	
15	PROCURAR BEM-ESTAR	Cápsula	Search Wellness Shilajit Gold-60 Cápsulas (Embalagem de 1) | Enriquecido com Ashwagandha, Gokshura, Swarna Bhasma	

16	UPAKA RMA	Semi-líquido	UPAKARMA Ayurveda | Premium Shilajit Gold Dust Resin 20g | 100% Ayurvédico | Shilajeet Puro e Natural | Ajuda a aumentar a imunidade, energia, força, resistência e saúde geral | Embalagem de 1	
17	UPAKA RMA	Resina de Shilajit com Ashwag andha	UPAKARMA Resina de Shilajit Pura com Ashwagandha 20g | Aumentar a Força e Aumentar a Massa Muscular Naturalmente | 100% Ayurvédica | Embalagem de 1	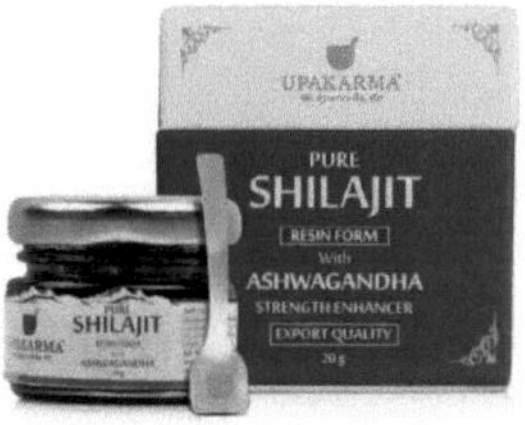

18	UPAKA RMA	SJ puro, mirtilo e laranja	UPAKARMA Ayurveda Shilajit Effervescent Tablets Combo Pack de 3 para aumentar o desempenho, potência, força e resistência com Shilajit puro, sabor a laranja e mirtilo - Testado em laboratório	
19	svaa. vida	Tablet	svaa. life Primeiro 500 mg Shilajit/Shilajeet Efervescente 21 Comprimidos do Mundo com Ashwagandha, Gokshuru, Açafrão e Safed Musli | Para Vitalidade, Resistência, Vigor, Pele Brilhante (63 comprimidos)	

20	nveda	Cápsula	Nveda Shilajit Ayurvedic Capsules-60, Himalayan Shilajit for Stamina and Strength, Energy & Immunity Booster Shilajeet para homens e mulheres	
21	Cuidados arrojados	Tablet	Bold Care Shilajit Effervescent Tablets for Natural Stamina Support - 20 comprimidos efervescentes, embalagem de 1	
22	PLIX - A CORRE CÇÃO VEGET AL	Tablet	PLIX -THE PLANT FIX 500mg Shilajit Efervescente - 15 comprimidos (Embalagem de 1) | Com Açafrão e Safed Musli Para Vitalidade | 100% Vegan | Com Sabor a Laranja | Para Homens	

Fitoquímica e propriedades físicas do Shilajit

♦ Fitoquímica do Shilajit:

A fitoquímica do Shilajit é complexa e varia consoante a região geográfica de onde provém. O Shilajit é uma substância resinosa que se forma nas rochas das regiões montanhosas e é composto por uma mistura de compostos orgânicos e inorgânicos.

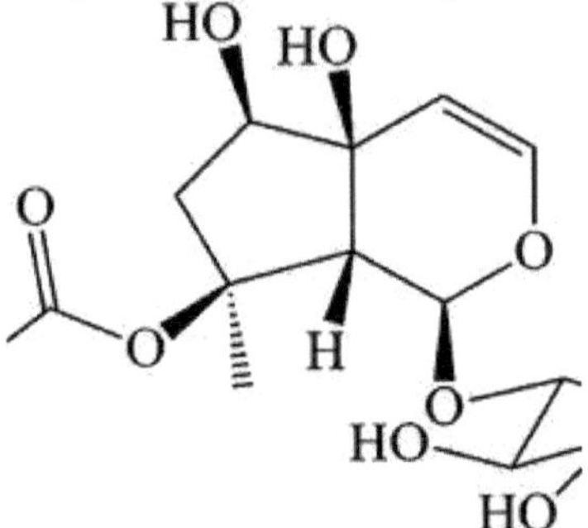

Figura n.º 5: Esta imagem mostra a fórmula química do Shilajit

Alguns dos principais constituintes incluem:

- **Ácido fúlvico:**

O ácido fúlvico é um dos principais componentes do Shilajit e é conhecido pelas suas propriedades antioxidantes. É um tipo de substância húmica que se forma durante a decomposição da matéria orgânica.

- **Minerais:**

O Shilajit contém uma variedade de minerais, incluindo ferro, zinco, cobre, manganês, magnésio e outros. A composição mineral pode variar consoante as condições geológicas específicas da região.

- **Dibenzo-Alfa-Pironas (DBPs):**

Os DBPs são compostos orgânicos encontrados no Shilajit que se acredita contribuírem para os seus efeitos farmacológicos. Estes compostos foram estudados pelas suas potenciais propriedades antioxidantes e anti-inflamatórias.

- **Cromoproteínas de Dibenzo-Alfa-Pirona:**

As cromoproteínas são outro grupo de compostos encontrados no Shilajit que contribuem para a sua cor e podem ter propriedades antioxidantes.

- **Huminas e substâncias semelhantes à humina:**

Estes são compostos orgânicos complexos formados durante a decomposição de plantas e matéria microbiana. Contribuem para a composição global do Shilajit.

- **Aminoácidos:**

O Shilajit contém vários aminoácidos, os blocos de construção das proteínas. A presença de aminoácidos contribui para o seu perfil nutricional.

- **Compostos fenólicos:**

Foram identificados compostos fenólicos com propriedades antioxidantes no Shilajit, contribuindo para os seus potenciais benefícios para a saúde.

- **Triterpenos e Diterpenos:**

Alguns estudos identificaram triterpenos e diterpenos no Shilajit, que são compostos orgânicos com potenciais actividades biológicas.

- **Cromoproteínas:**

As cromoproteínas são compostos que contribuem para a coloração do Shilajit. Estas substâncias são susceptíveis de conter componentes proteicos e não proteicos.

A investigação sobre a fitoquímica do Shilajit está em curso e a sua composição exacta pode variar em função de factores como a altitude, o clima e as características geológicas específicas da região. Embora o Shilajit tenha sido utilizado na medicina tradicional durante séculos, são necessários mais estudos científicos para compreender totalmente a sua composição complexa e os mecanismos subjacentes aos seus potenciais efeitos promotores da saúde.

- **Oligoelemento em Shilajit:**

A composição específica dos oligoelementos no Shilajit pode variar consoante a localização geográfica de onde provém. O Shilajit é conhecido por conter vários minerais e oligoelementos devido à sua formação em rochas e à decomposição de plantas e matéria microbiana. **Aqui está uma lista de alguns oligoelementos comuns encontrados no Shilajit típico:**

1.	Ferro (Fe)
2.	**Zinco (Zn)**
3.	**Cobre (Cu)**
4.	**Manganês (Mn)**
5.	**Magnésio (Mg)**
6.	**Cálcio (Ca)**
7.	**Estrôncio (Sr)**
8.	**Bário (Ba)**
9.	**Silício (Si)**
10.	**Sódio (Na)**
11.	**Potássio(K)**
12.	**Crómio (Cr)**
13.	**Selénio (Se)**
14.	**Cobalto (Co)**
15.	**Níquel (Ni)**
16.	**Molibdénio (MO)**

17.	Vanádio(V)
18.	Boro (B)
19.	Lítio (Li)
20.	Rubídio (Rb)
21.	Cádmio (Cd)
22.	Chumbo (Pb)
23.	Mercúrio (Hg)
24.	Arsénio (As)
25.	Alumínio (Al)

É importante notar que a concentração destes oligoelementos pode variar dependendo de factores como a altitude, o clima e as condições geológicas específicas da região onde o Shilajit é obtido. Além disso, os métodos de processamento utilizados para preparar produtos de Shilajit, como pós ou extractos, também podem influenciar a concentração de oligoelementos.

Embora o Shilajit seja frequentemente valorizado pelo seu conteúdo mineral, é essencial ter cuidado com os níveis de certos elementos, especialmente metais pesados. As medidas de controlo de qualidade e a aquisição de Shilajit de fornecedores respeitáveis que aderem às normas de segurança e pureza são considerações importantes para quem utiliza o Shilajit como suplemento dietético. Os testes analíticos dos produtos de Shilajit podem fornecer informações sobre o seu conteúdo em minerais e oligoelementos.

- **Fórmula química e empírica do Shilajit:**

Para ser honesto, o Shilajit não tem atualmente uma fórmula química padrão. É difícil chegar a uma equação universal porque cada lugar tem uma composição mineral ligeiramente diferente. Para além disso, ninguém sabe dizer qual é a fórmula química do ácido fúlvico em si, o que torna praticamente difícil tomar a parte do ácido fúlvico do Shilajit!

Embora este possa ser o caso da fórmula química, R. G. Yusupov propôs uma fórmula empírica fundamental em 1979.

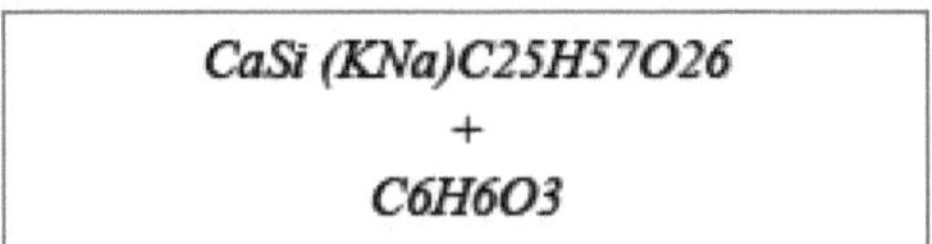

$$CaSi\,(KNa)C25H57O26 + C6H6O3$$

- **Propriedades físicas do Shilajit:**

O Shilajit é uma substância resinosa complexa com propriedades físicas únicas. O seu aspeto, textura e outras características podem variar consoante a sua origem e processamento. Aqui estão algumas das principais propriedades físicas do Shilajit:

- **Aparência:**

O Shilajit tem normalmente uma cor escura, castanha a preta. A sua aparência pode variar de uma textura brilhante e lustrosa a um acabamento mais mate.

Figura n.º 6: Esta imagem mostra o aspeto do Shilajit

- **Textura:**

A textura do Shilajit é pegajosa e semelhante a alcatrão. É macio e maleável quando quente, mas pode tornar-se duro e quebradiço a temperaturas mais baixas.

- **Solubilidade:**

O shilajit é parcialmente solúvel em água e dissolve-se mais facilmente em água quente do que em água fria. No entanto, é mais solúvel em solventes orgânicos como o etanol.

- **Odor e sabor:**

O Shilajit tem um sabor caraterístico a terra e ligeiramente amargo. O seu odor pode ser forte e pode ter um aroma pungente e resinoso.

- **Densidade:**

A densidade do Shilajit pode variar, mas é geralmente densa devido ao seu conteúdo mineral. A sua gravidade específica depende da concentração de minerais e compostos orgânicos.

- **Sensibilidade à temperatura:**

O Shilajit é sensível à temperatura. Amolece e torna-se mais maleável quando exposto ao calor, enquanto as temperaturas mais frias podem fazer com que endureça e se torne mais quebradiço.

- **Natureza higroscópica:**

O Shilajit é higroscópico, o que significa que tem a capacidade de absorver a humidade do ar. Esta propriedade pode afetar a sua consistência e textura ao longo do tempo.

- **Teste de chama:**

Quando um pequeno pedaço de Shilajit é aquecido com uma chama, pode exibir um som caraterístico de crepitação, conhecido como o "estalo do Shilajit". Este fenómeno é por vezes utilizado como um teste informal à autenticidade do Shilajit.
É importante notar que as propriedades físicas do Shilajit podem ser influenciadas por vários factores, incluindo a sua origem geográfica, as rochas e minerais específicos na sua composição e os métodos de processamento utilizados. O Shilajit é frequentemente transformado em diferentes formas para consumo, como pós, cápsulas ou extractos, o que também pode afetar a sua aparência e textura. Ao comprar produtos de Shilajit, é aconselhável obtê-los de fornecedores respeitáveis para garantir a autenticidade e a qualidade.

- **Utilizações do Shilajit:**

O Shilajit tem sido utilizado na medicina tradicional, particularmente na Ayurveda, durante séculos devido aos seus benefícios para a saúde. Embora as suas utilizações tradicionais sejam diversas, é importante notar que a investigação científica sobre o Shilajit está em curso e são necessárias mais provas para validar plenamente todas as suas potenciais utilizações.

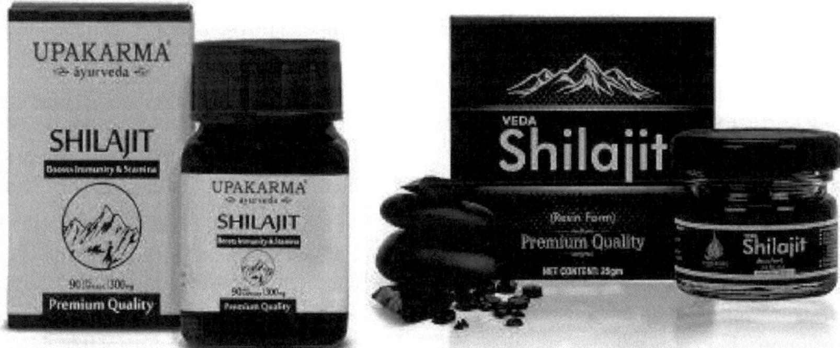

Figura nº 7: Esta imagem mostra os diferentes tipos de Shilajit

Alguns usos relatados e benefícios potenciais do Shilajit incluem:

- **Energia e resistência:**

Acredita-se tradicionalmente que o Shilajit aumenta os níveis de energia e a resistência física. É frequentemente utilizado como um remédio natural para combater a fadiga e promover a vitalidade geral.

- **Função Cognitiva:**

Algumas utilizações tradicionais do Shilajit incluem o seu papel no apoio à função cognitiva e à clareza mental. Acredita-se que tem propriedades adaptogénicas, ajudando o corpo a adaptar-se ao stress, o que pode ter um impacto positivo no bem-estar mental.

- **Propriedades anti-envelhecimento:**

O shilajit é por vezes associado a efeitos anti-envelhecimento. Acredita-se que promove a longevidade e a vitalidade, e as suas propriedades antioxidantes podem contribuir para proteger as células do stress oxidativo.

- **Apoio ao sistema imunitário:**

O uso tradicional sugere que o Shilajit pode ter efeitos imunomoduladores, apoiando as defesas naturais do corpo contra infecções e doenças.

- **Inflamação e artrite:**

Alguns estudos sugerem que o Shilajit pode ter propriedades anti-inflamatórias, o que pode ser benéfico para condições que envolvem inflamação, como a artrite.

- **Atividade Antioxidante:**

O Shilajit é rico em ácido fúlvico e noutros compostos com propriedades antioxidantes. Os antioxidantes ajudam a neutralizar os radicais livres no corpo, o que pode contribuir para a saúde e o bem-estar geral.

- **Saúde Reprodutiva Masculina:**

Na utilização tradicional, o Shilajit é frequentemente associado à saúde reprodutiva masculina. Alguns estudos sugerem benefícios potenciais para a fertilidade masculina, níveis de testosterona e função reprodutiva. Que desempenham um papel crucial na saúde reprodutiva masculina, incluindo a produção de esperma e a função sexual geral. Pensa-se que a presença de ácido fúlvico no shilajit melhora a absorção de nutrientes, potencialmente apoiando a entrega de nutrientes essenciais aos órgãos reprodutivos. Além disso, as propriedades antioxidantes do shilajit podem ajudar a proteger o esperma do stress oxidativo, que pode ter um impacto negativo na fertilidade. Embora seja necessária mais investigação, especialmente ensaios clínicos bem concebidos, para confirmar estes potenciais benefícios e elucidar os mecanismos específicos, o shilajit é promissor como suplemento natural para apoiar a saúde reprodutiva masculina. Tal como acontece com qualquer intervenção de saúde, os indivíduos devem consultar os profissionais de saúde antes de incorporar o shilajit na sua rotina, especialmente se tiverem condições de saúde subjacentes ou se estiverem a fazer tratamentos de fertilidade.

- **O Shilajit ajuda a controlar os níveis de açúcar no sangue:**

Pesquisas preliminares indicam que o Shilajit pode ter um papel na regulação dos níveis de açúcar no sangue, o que pode ser benéfico para indivíduos com diabetes. O Shilajit tem sido estudado pelo seu papel potencial no controlo dos níveis de açúcar, particularmente no contexto da diabetes. A substância resinosa, originária de regiões montanhosas, contém uma rica variedade de minerais, ácido fúlvico e outros compostos bioactivos que podem contribuir para os seus efeitos terapêuticos. Um dos mecanismos propostos é o seu impacto no metabolismo da glicose e na sensibilidade à insulina. Foi sugerido que o ácido fúlvico, um componente-chave do shilajit, aumenta a absorção de glucose pelas células, melhorando potencialmente a sensibilidade à insulina.

Além disso, o shilajit pode influenciar as enzimas-chave envolvidas na regulação dos níveis de açúcar no sangue. Alguns estudos, realizados principalmente em animais, indicaram que a toma de suplementos de shilajit pode levar a uma redução dos níveis de glucose no sangue. Estes resultados sugerem um papel potencial para o shilajit no controlo da diabetes.

No entanto, é essencial notar que são necessários ensaios clínicos humanos mais robustos e bem controlados para estabelecer de forma conclusiva a eficácia e a segurança do shilajit para o controlo glicémico. As pessoas com diabetes devem ter cuidado e consultar os profissionais de saúde antes de considerar a suplementação com shilajit como parte do seu plano de controlo da diabetes. A inclusão do shilajit ou de qualquer suplemento deve ser abordada com uma compreensão abrangente da saúde geral de cada um, da resposta individual e em consulta com profissionais de saúde qualificados.

- **Cicatrização de feridas:**

As utilizações tradicionais do Shilajit incluem a sua aplicação em feridas para ajudar no processo de cicatrização. Acredita-se que tem propriedades regenerativas que podem apoiar a reparação de tecidos.

É importante ter cuidado e consultar um profissional de saúde antes de usar o Shilajit, especialmente se tiver condições de saúde existentes ou estiver a tomar medicamentos. Além disso, a qualidade e a autenticidade dos produtos de Shilajit podem variar, por isso é aconselhável obtê-lo de fontes respeitáveis.

Figura n.º 8: Esta imagem mostra as utilizações do Shilajit

- **Usos medicinais do Shilajit:**

O Shilajit tem sido utilizado na medicina tradicional, particularmente na Ayurveda, para vários fins medicinais. Embora os seus usos tradicionais sejam diversos, é importante notar que a investigação científica sobre o Shilajit está em curso, e são necessárias mais provas para validar totalmente as suas potenciais aplicações medicinais. Alguns usos medicinais relatados do Shilajit incluem:

- **Utilização do Shilajit para a anemia:**

Embora o Shilajit tenha sido tradicionalmente utilizado em certos sistemas de medicina tradicional para vários fins de saúde, incluindo a promoção da vitalidade e do bem-estar geral, existem poucas provas científicas que apoiem especificamente a sua utilização para a anemia.

A anemia é uma doença caracterizada por uma deficiência de glóbulos vermelhos ou de hemoglobina, o que leva a uma redução da capacidade de transporte de oxigénio no sangue. O tratamento primário da anemia envolve normalmente a abordagem da causa subjacente, que pode incluir deficiências nutricionais, doenças crónicas ou outros factores que afectam a produção ou a vida útil dos glóbulos vermelhos.
O Shilajit contém vários minerais, incluindo ferro, que é um componente crucial para a síntese de hemoglobina. A deficiência de ferro é uma causa comum de certos tipos de anemia, e aumentar a ingestão de ferro é uma abordagem padrão no tratamento da anemia por deficiência de ferro. No entanto, o conteúdo de ferro no Shilajit pode não ser suficiente ou facilmente absorvível para tratar a anemia em comparação com suplementos de ferro convencionais ou fontes dietéticas de ferro.
Se alguém tiver sintomas de anemia ou suspeitar de uma deficiência de ferro, é importante consultar um profissional de saúde para um diagnóstico correto e um tratamento adequado. Os profissionais de saúde podem recomendar suplementos de ferro ou alterações na dieta com base no tipo específico e na causa da anemia.
Embora o Shilajit seja geralmente considerado seguro para a maioria das pessoas quando usado com moderação, seu uso para condições médicas específicas deve ser abordado com cautela, e deve-se procurar aconselhamento médico profissional. Além disso, mulheres grávidas, indivíduos com certas condições médicas ou que estejam a tomar medicamentos devem consultar um profissional de saúde antes de usar qualquer suplemento, incluindo o Shilajit.

- **Usos do Shilajit para a fadiga muscular:**

Shilajit, uma resina natural derivada de regiões montanhosas, ganhou atenção pelo seu potencial papel no tratamento da fadiga muscular. Tradicionalmente utilizado na medicina ayurvédica, acredita-se que o Shilajit possui propriedades adaptogénicas que podem aumentar a capacidade do corpo para lidar com o stress, incluindo o esforço físico. O rico conteúdo mineral, incluindo o ácido fúlvico, contribui para os benefícios reputados do Shilajit para a energia e a resistência gerais. Atletas e entusiastas da boa forma física têm explorado a sua utilização como suplemento natural para combater a fadiga muscular e melhorar a recuperação após o exercício. Embora a investigação científica sobre os efeitos do Shilajit na fadiga muscular ainda esteja a evoluir, alguns estudos sugerem que as suas propriedades antioxidantes podem desempenhar um papel na redução do stress oxidativo induzido pelo exercício. Além disso, o potencial do Shilajit para otimizar a função mitocondrial, as unidades produtoras de energia nas células, tem sido investigado quanto ao seu impacto na resistência e no desempenho muscular. Apesar destes aspectos promissores, é crucial que os indivíduos abordem a utilização do Shilajit para a fadiga muscular com cautela, procurando orientação de profissionais de saúde para garantir a sua adequação às necessidades individuais e à saúde em geral.

- **Usos do Shilajit para o coração:**

O Shilajit, uma substância resinosa derivada das rochas das regiões montanhosas, chamou a atenção pelos seus potenciais benefícios cardiovasculares. Embora a investigação científica esteja em curso, as utilizações tradicionais e os estudos preliminares sugerem que o Shilajit pode ter um impacto positivo na saúde do coração. Pensa-se que a presença de ácido fúlvico, um componente-chave do Shilajit, oferece propriedades antioxidantes que podem proteger o coração do stress oxidativo, um fator associado às doenças cardiovasculares. Pensa-se também que o Shilajit contribui para a regulação da pressão sanguínea e dos níveis de colesterol, factores-chave na manutenção da saúde cardiovascular. Além disso, os seus potenciais efeitos anti-inflamatórios podem desempenhar um papel na redução da inflamação no sistema cardiovascular. Tal como acontece com qualquer suplemento, é essencial abordar a sua utilização com cautela e sob a orientação de um profissional de saúde, especialmente para indivíduos com problemas cardíacos existentes ou que estejam a tomar medicamentos. Embora o Shilajit se mostre promissor na promoção da saúde do coração, é necessária uma investigação mais rigorosa para compreender totalmente os seus mecanismos e estabelecer recomendações definitivas.

- **Utilizações do Shilajit para o cabelo:**

O Shilajit, uma resina natural formada em regiões montanhosas, ganhou atenção pelos seus potenciais benefícios na promoção da saúde capilar. Rico em minerais, ácido fúlvico e outros compostos bioactivos, acredita-se tradicionalmente que o Shilajit nutre o couro cabeludo e os folículos capilares. O seu conteúdo mineral, incluindo ferro, zinco e manganês, pode contribuir para manter o crescimento saudável do cabelo. O ácido fúlvico, um componente-chave, é conhecido pelas suas propriedades antioxidantes, protegendo potencialmente os folículos capilares do stress oxidativo. Algumas utilizações tradicionais do Shilajit envolvem a sua aplicação tópica no couro cabeludo para fortalecer o cabelo e prevenir a queda de cabelo. Além disso, os seus alegados efeitos anti-inflamatórios podem ajudar a tratar condições como a caspa e a irritação do couro cabeludo. Embora o Shilajit se mostre promissor na promoção da saúde do cabelo, a investigação científica sobre os seus efeitos específicos no cabelo ainda está a surgir. As pessoas que estão a considerar o Shilajit para o cuidado do cabelo devem fazê-lo com cautela e considerar consultar um profissional de saúde ou de cuidados capilares para um aconselhamento personalizado.

- **Usos do Shilajit para úlceras:**

O Shilajit, uma substância resinosa natural proveniente de regiões montanhosas, tem sido tradicionalmente utilizado pelos seus potenciais benefícios para a saúde, e existem algumas provas preliminares que sugerem a sua utilização no tratamento de determinados problemas digestivos, incluindo úlceras. A composição do Shilajit inclui ácido fúlvico, que é conhecido pelas suas propriedades anti-inflamatórias e antioxidantes. Estas propriedades podem contribuir para a capacidade potencial da substância de ajudar a acalmar e proteger o revestimento do estômago e dos intestinos. Além disso, acredita-se que o Shilajit tem qualidades adaptogénicas, ajudando o corpo a adaptar-se aos factores de stress, o que pode ser benéfico no contexto da cura de úlceras. Algumas práticas da medicina tradicional têm utilizado o Shilajit pelos seus supostos efeitos gastroprotectores. No entanto, é crucial abordar o uso do Shilajit para úlceras com cautela e consultar um profissional de saúde. As úlceras são uma condição médica grave que pode exigir tratamentos médicos específicos, e confiar apenas em remédios naturais sem orientação profissional pode não ser apropriado. É necessária uma investigação científica mais sólida para estabelecer a eficácia e a segurança do Shilajit no tratamento de úlceras.

- **Energia e Vitalidade:**

Acredita-se tradicionalmente que o Shilajit é um adaptogénio, ajudando o corpo a adaptar-se ao stress e à fadiga. É utilizado para aumentar os níveis de energia, combater a fadiga e promover a vitalidade geral.

- **Utilização do Shilajit para a Diabetes:**

O shilajit, um exsudado resinoso encontrado em regiões montanhosas, tem sido estudado pelos seus potenciais benefícios no controlo da diabetes. Embora a investigação ainda esteja na sua fase inicial, alguns estudos sugerem que o shilajit pode ter efeitos positivos nos parâmetros relacionados com a diabetes. O shilajit contém ácido fúlvico, que se acredita aumentar a absorção de glucose pelas células e melhorar a sensibilidade à insulina. Além disso, pode ajudar a regular os níveis de açúcar no sangue, influenciando as principais enzimas envolvidas no metabolismo da glucose. Alguns estudos em animais mostraram resultados promissores, indicando que a suplementação com shilajit pode levar à redução dos níveis de açúcar no sangue. No entanto, são necessários ensaios clínicos mais rigorosos com seres humanos para confirmar estes resultados e estabelecer a segurança e a eficácia do shilajit como uma abordagem complementar no controlo da diabetes. Os indivíduos com diabetes devem consultar os profissionais de saúde antes de incorporar o shilajit ou qualquer outro suplemento no seu plano de tratamento.

- **Shilajit Melhor para dores nos ossos e nas articulações:**

Alguns estudos sugerem que o shilajit pode ajudar a reduzir a inflamação nas articulações, oferecendo alívio a indivíduos que sofrem de condições como artrite. Os minerais encontrados no shilajit, incluindo cálcio e magnésio, são essenciais para a saúde óssea e podem contribuir para manter os ossos fortes e resistentes. Além disso, o ácido fúlvico no shilajit pode apoiar a absorção desses minerais. Embora sejam necessárias mais pesquisas, especialmente ensaios clínicos em humanos, para estabelecer os mecanismos específicos e a eficácia do shilajit para a saúde dos ossos e das articulações, as evidências preliminares indicam seu potencial como um suplemento natural a ser considerado por aqueles que buscam apoio para gerenciar o desconforto musculoesquelético. Como acontece com qualquer suplemento de saúde, os indivíduos devem consultar os profissionais de saúde antes de incorporar o shilajit na sua rotina de bem-estar, especialmente se tiverem condições médicas pré-existentes ou estiverem a tomar outros medicamentos.

- **Anti-ansiedade e redução do stress:**

O Shilajit é por vezes utilizado para aliviar o stress e a ansiedade. As suas propriedades adaptogénicas podem contribuir para uma sensação de calma e de bem-estar.

- **Saúde dos ossos:**

Alguns estudos sugerem que o Shilajit pode ter efeitos positivos na saúde dos ossos, influenciando potencialmente a densidade mineral e a força dos ossos.

É crucial abordar o uso do Shilajit com cautela e consultar um profissional de saúde, especialmente se tiver condições de saúde existentes ou estiver a tomar medicamentos. Além disso, a qualidade e a autenticidade dos produtos de Shilajit podem variar, por isso é aconselhável obtê-lo de fontes respeitáveis.

o Quando é que o shilajit pode ajudar a tratar o acne?

Desde a minha última atualização de conhecimento em janeiro de 2022, não há evidências científicas robustas para fornecer um prazo específico para quando o shilajit pode ajudar a tratar a acne. O shilajit é uma substância natural com supostos benefícios para a saúde, incluindo propriedades antioxidantes e anti-inflamatórias, mas são necessárias mais pesquisas para estabelecer sua eficácia no tratamento da acne.

A eficácia de qualquer tratamento para a acne pode variar muito de pessoa para pessoa. Além disso, factores como a gravidade da acne, os tipos de pele individuais e a adesão ao regime de tratamento podem influenciar a rapidez com que se obtêm resultados.

Se está a considerar utilizar o shilajit para o acne, é crucial abordá-lo com expectativas realistas. É aconselhável consultar um profissional de saúde ou dermatologista antes de iniciar qualquer novo tratamento para a acne, incluindo remédios naturais como o shilajit. Eles podem fornecer orientação com base na sua condição específica de pele e histórico de saúde.

Entretanto, os tratamentos tradicionais e bem estabelecidos para a acne, como os retinóides tópicos, o peróxido de benzoílo e o ácido salicílico, têm um conjunto mais alargado de provas que sustentam a sua eficácia. Se está à procura de resultados mais rápidos e comprovados, estes tratamentos podem ser mais adequados. Siga sempre os conselhos do seu profissional de saúde para obter a melhor abordagem para gerir a sua acne.

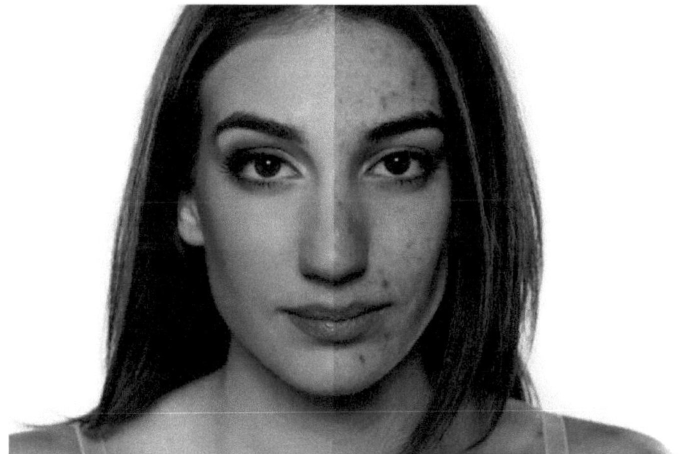

Figura No9: Esta imagem mostra o Shilajit melhor para a Acne

♦ Como utilizar o Shilajit?

A utilização do Shilajit pode variar consoante as preferências individuais, a forma em que é obtido e o objetivo pretendido. O Shilajit está disponível em várias formas, incluindo resina, pó, cápsulas e suplementos. Aqui estão as directrizes gerais para o uso do Shilajit:

Resina pura:

- Se tiveres Shilajit em forma de resina, começa por partir uma pequena porção. A resina de Shilajit é muitas vezes pegajosa e pode ser dissolvida em água morna ou leite.
- Misture a resina num copo de água morna ou leite até que se dissolva. O calor pode tornar a resina mais maleável.

Figura nº 10: Esta imagem mostra a forma de resina pura de Shilajit

Forma em pó:

- Se tiveres Shilajit em pó, podes misturá-lo com água morna, leite ou um batido.
- Comece com uma pequena quantidade (como recomendado no rótulo do produto) e aumente gradualmente conforme necessário.

Figura nº 11: Esta imagem mostra a forma em pó do Shilajit

Cápsulas ou suplementos:

- Seguir a dosagem recomendada no rótulo do produto.

- Tomar as cápsulas ou suplementos de Shilajit com água ou com uma bebida conforme indicado.

Figura nº 12: Esta imagem mostra a forma de cápsulas ou suplementos de Shilajit

Aplicação tópica:

- Algumas pessoas usam o Shilajit topicamente para problemas de pele ou saúde do cabelo. Para tal, pode misturar uma pequena quantidade de Shilajit com um óleo de base (como o óleo de coco) e aplicá-lo na pele ou no cabelo.

Consultar um profissional de saúde:

- Antes de incorporar o Shilajit na sua rotina, especialmente se tiver problemas de saúde subjacentes ou estiver a tomar medicamentos, é aconselhável consultar um profissional de saúde para obter aconselhamento personalizado.

A qualidade é importante:

- Assegure-se de que obtém o Shilajit de fornecedores reputados para garantir a sua qualidade e autenticidade. O Shilajit autêntico é obtido em regiões montanhosas e é processado de forma responsável.

A consistência é fundamental:

- Se estiver a utilizar o Shilajit para objectivos de saúde específicos, a consistência na utilização é frequentemente enfatizada. Pode levar algum tempo até que quaisquer benefícios potenciais se tornem visíveis.

Tempo:

- Algumas pessoas preferem tomar Shilajit de manhã ou com as refeições, mas o momento pode variar com base na preferência pessoal.

Lembre-se de que, embora o Shilajit tenha uma longa história de uso tradicional e algumas pesquisas preliminares promissoras, é importante abordar seu uso com cautela. Se tiver quaisquer preocupações ou perguntas, recomenda-se que consulte um profissional de saúde para garantir que o Shilajit é adequado às suas necessidades e circunstâncias individuais.

Figura n.º 13: Esta imagem mostra o extrato puro de Shilajit acabado de fazer

- ***Propriedades medicinais do Shilajit:***

Qualidades primárias	*Qualidades secundárias*
• Afrodisíaco • Espermatogénico • Alternativa • Agente rejuvenescedor • Anti-inflamatório • Antipirético • Anti-obesidade • Tónico nervoso • Ansiolítico • Antilíticos • Anti-diabético • Diurético • Anti-hiperlipidémico • Cardioprotector	• Bio-limpador • Anti-sético • Anódino • Aperitivo • Estimulante digestivo • Carminativo • Laxante suave • Anti-helmíntico • Desintoxicante do sangue

- **Importância dos Shilajits**

O Shilajit é uma substância natural com uma história rica de utilização tradicional, particularmente na medicina Ayurvédica. Extraído das rochas das regiões montanhosas, o Shilajit é venerado pela sua diversidade de minerais, ácido fúlvico e compostos bioactivos. As suas propriedades adaptogénicas, que tradicionalmente se acredita aumentarem a capacidade do organismo de se adaptar ao stress, fazem dele um componente valioso nas práticas holísticas de bem-estar. Os potenciais benefícios do

Shilajit abrangem vários aspectos da saúde, incluindo energia e vitalidade, função cognitiva e apoio ao sistema imunitário. Rico em antioxidantes, pensa-se que combate o stress oxidativo e contribui para os efeitos anti-envelhecimento. A utilização do Shilajit não se limita à saúde interna; também tem sido aplicado topicamente para o cuidado da pele e do cabelo. Embora a investigação científica esteja em curso para elucidar os seus mecanismos e eficácia, o Shilajit continua a captar a atenção como um suplemento natural com potenciais propriedades promotoras da saúde. Tal como acontece com qualquer suplemento, a sua utilização deve ser abordada com consciência, e aconselha-se a consulta de profissionais de saúde para uma orientação personalizada. A importância de adquirir Shilajit autêntico e de alta qualidade não pode ser exagerada para garantir a sua eficácia e segurança.

Shilajit: Efeitos secundários e inofensivos

♦ **Efeitos secundários do Shilajit:**

O Shilajit é geralmente considerado seguro para a maioria das pessoas quando usado com moderação e proveniente de fornecedores respeitáveis. Embora o Shilajit seja geralmente considerado seguro para a maioria das pessoas quando usado com moderação, é importante estar ciente dos potenciais efeitos secundários e considerações. Tenha em mente que as respostas individuais aos suplementos podem variar e a qualidade dos produtos de Shilajit também pode influenciar a segurança. Aqui estão alguns efeitos secundários potenciais e considerações associadas ao Shilajit:

- **Inofensivo e bem tolerado:**

O shilajit tem uma longa história de utilização tradicional, nomeadamente na medicina ayurvédica, onde é considerado uma substância natural com potenciais benefícios para a saúde.

- **Conteúdo mineral:**

O Shilajit contém vários minerais e ácido fúlvico, que são geralmente considerados essenciais para a saúde. Estes componentes contribuem para o seu perfil nutricional.

- **Propriedades antioxidantes:**

O ácido fúlvico no Shilajit proporciona efeitos antioxidantes, que podem ajudar a combater o stress oxidativo no corpo.

- **Propriedades adaptogénicas:**

O Shilajit é classificado como um adaptogénio, e muitas pessoas utilizam-no pela sua suposta capacidade de ajudar o corpo a adaptar-se aos factores de stress.

- **Qualidade e pureza:**

A qualidade e a autenticidade dos produtos de Shilajit podem variar. É crucial adquirir Shilajit de fornecedores respeitáveis para garantir a pureza e evitar potenciais contaminantes.

- **Metais pesados:**

Dependendo da fonte, o Shilajit pode conter vestígios de metais pesados. O consumo regular de Shilajit com níveis elevados de metais pesados pode ser prejudicial. Por conseguinte, é essencial escolher produtos de alta qualidade com medidas rigorosas de controlo de qualidade.

- **Sensibilidade individual:**

Embora muitas pessoas tolerem bem o Shilajit, os indivíduos podem variar na sua sensibilidade a substâncias naturais. Algumas pessoas podem sentir desconforto gastrointestinal ou reacções alérgicas.

- **Interação com medicamentos:**

O Shilajit pode interagir com certos medicamentos. As pessoas que tomam medicamentos devem consultar um profissional de saúde antes de incorporar o Shilajit na sua rotina.

- **Gravidez e amamentação:**

As pessoas grávidas e a amamentar devem ter cuidado e consultar os profissionais de saúde antes de utilizarem o Shilajit devido aos dados de segurança limitados nestas populações.

- **Desconforto gastrointestinal:**

Algumas pessoas podem sentir desconforto gastrointestinal, como dores de estômago, diarreia ou náuseas, especialmente quando tomam Shilajit em grandes quantidades. Começar com uma dose pequena e aumentar gradualmente pode ajudar a minimizar estes efeitos.

- **Reacções alérgicas:**

Embora raras, foram registadas reacções alérgicas ao Shilajit. Se tiver sintomas como comichão, erupção cutânea, inchaço ou dificuldade em respirar, interrompa a utilização e procure assistência médica.

- **Interação com medicamentos:**

O Shilajit pode interagir com determinados medicamentos. Pode potencialmente aumentar os efeitos dos medicamentos, levando a um aumento do risco de efeitos secundários. As pessoas que tomam medicamentos devem consultar um profissional de saúde antes de usar o Shilajit.

- **Contaminação por metais pesados:**

Dependendo da fonte e dos métodos de processamento, o Shilajit pode conter vestígios de metais pesados. O consumo prolongado de Shilajit com níveis elevados de metais pesados pode ser prejudicial. A escolha de produtos de alta qualidade de fornecedores conceituados é crucial para minimizar este risco.

- **Doenças auto-imunes:**

O Shilajit pode ter efeitos imunoestimulantes. Indivíduos com condições auto-imunes devem usar o Shilajit com cautela, pois pode potencialmente exacerbar as respostas imunitárias. Pessoas com condições auto-imunes devem usar o Shilajit com cautela, pois ele pode estimular o sistema imunológico.

- **Gravidez e amamentação:**

Estão disponíveis dados de segurança limitados relativamente à utilização do Shilajit durante a gravidez e o aleitamento. As pessoas grávidas e a amamentar devem ter cuidado e consultar os profissionais de saúde antes de utilizarem o Shilajit.

É essencial abordar o uso do Shilajit com cautela, especialmente se tiver condições de saúde subjacentes ou estiver a tomar medicamentos. Antes de incorporar o Shilajit na sua rotina, é aconselhável consultar um profissional de saúde para obter aconselhamento personalizado. Além disso, a seleção de produtos de Shilajit de alta qualidade de fornecedores respeitáveis pode ajudar a garantir a segurança e a eficácia. Desde a minha última atualização de conhecimento em janeiro de 2022, pesquisas em andamento podem fornecer mais informações sobre o perfil de segurança do Shilajit.

- **Precauções a tomar com o Shilajit:**

Embora o Shilajit seja geralmente considerado seguro para a maioria das pessoas quando utilizado de forma responsável, há certas precauções a ter em conta para garantir a sua utilização segura e eficaz:

- **Consultar um profissional de saúde:**

Antes de incorporar o Shilajit na sua rotina, especialmente se tiver condições de saúde existentes ou estiver a tomar medicamentos, é crucial consultar um profissional de saúde. Isto é particularmente importante para as pessoas grávidas ou a amamentar e para as pessoas com doenças auto-imunes.

- **Comece com pequenas doses:**

Se é novo no uso do Shilajit, comece com uma pequena dose e observe como o seu corpo reage. Isto permite-lhe avaliar a sua tolerância e minimizar o risco de potenciais efeitos secundários.

- **Escolha produtos de alta qualidade:**

Seleccione produtos de Shilajit de fornecedores reputados que aderem a medidas de controlo de qualidade. Isto ajuda a garantir a pureza do produto e minimiza o risco de contaminantes, tais como metais pesados.

- **Cuidado com os metais pesados:**

O Shilajit pode conter vestígios de metais pesados, dependendo da sua origem. O consumo prolongado de Shilajit com níveis elevados de metais pesados pode ser prejudicial. Certifica-te de que o produto que escolhes é submetido a testes rigorosos para verificar o teor de metais pesados.

- **Monitorizar as reacções alérgicas:**

Embora raras, foram registadas reacções alérgicas ao Shilajit. Se tiver sintomas como comichão, erupção cutânea, inchaço ou dificuldade em respirar, interrompa a utilização e procure assistência médica.

- **Atenção ao desconforto gastrointestinal:**

Alguns indivíduos podem sentir desconforto gastrointestinal, como dores de estômago, diarreia ou náuseas. Se estes sintomas ocorrerem, reduzir a dose ou interromper a utilização.

- **Considerar a interação com medicamentos:**

O Shilajit pode interagir com certos medicamentos. Se estiver a tomar medicamentos, especialmente para doenças crónicas, consulte o seu médico antes de usar o Shilajit para evitar potenciais interacções.

- **Evitar o consumo excessivo:**

Embora o Shilajit seja considerado seguro com moderação, o consumo excessivo pode provocar efeitos adversos. Siga a dosagem recomendada pelo produto ou pelo seu profissional de saúde.

- **Consciente da origem e do processamento:**

Presta atenção à origem e aos métodos de transformação dos produtos de Shilajit. O Shilajit autêntico é obtido em regiões montanhosas e passa por um processamento responsável.

- **Educar-se a si próprio:**

Esteja informado sobre os potenciais benefícios e efeitos secundários do Shilajit. O conhecimento permite-lhe tomar decisões informadas sobre a sua utilização.

Ao tomar estas precauções e abordar a utilização do Shilajit com consciência, pode maximizar os potenciais benefícios enquanto minimiza o risco de efeitos adversos. Dê sempre prioridade à sua saúde e bem-estar, e consulte um profissional de saúde se tiver quaisquer preocupações ou perguntas.

♦ Microbioma do Shilajit:

O microbioma do Shilajit refere-se à comunidade de microorganismos que podem estar presentes nesta substância natural. O Shilajit é um material resinoso complexo que se forma em regiões montanhosas ao longo de séculos devido à decomposição de matéria vegetal e microbiana. O microbioma do Shilajit pode incluir várias bactérias, fungos e outros microorganismos que contribuem para a sua formação e características.

A composição microbiana específica do Shilajit pode variar dependendo de factores como a localização geográfica onde é obtido, os tipos de plantas e matéria orgânica presentes, e as condições ambientais durante a sua formação. A investigação sobre o microbioma do Shilajit é limitada, e a diversidade e os papéis dos microrganismos no Shilajit não são tão extensivamente estudados como as comunidades microbianas noutros ambientes, como o solo ou o intestino humano.

No entanto, sabe-se que a atividade microbiana desempenha um papel na decomposição do material vegetal e na transformação de compostos orgânicos na mistura complexa que caracteriza o Shilajit. Além disso, o microbioma do Shilajit pode contribuir para certos componentes bioactivos e processos metabólicos dentro da substância.

É importante notar que o foco principal das investigações científicas relacionadas com o Shilajit gira frequentemente em torno da sua composição química, conteúdo mineral e potenciais compostos bioactivos, em vez de uma análise aprofundada das suas comunidades microbianas. É necessária mais investigação para explorar a diversidade microbiana e as funções do Shilajit de forma abrangente.

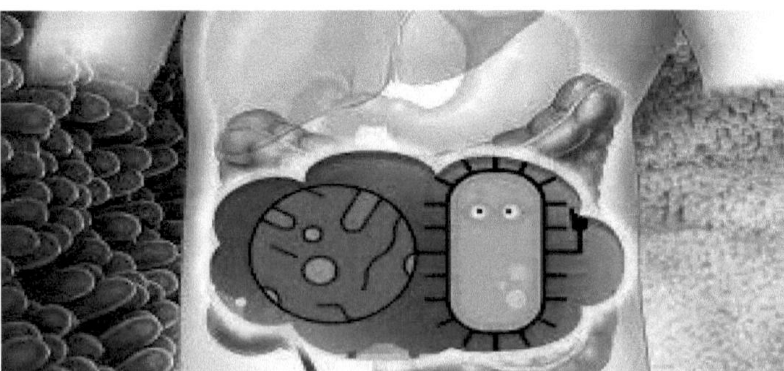

Figura No14: Esta imagem mostra o microbioma do Shilajit

♦ Atividade antimicrobiana do Shilajit:

- Atividade antibacteriana do Shilajit

- Atividade anti-viral do Shilajit
- Atividade antifúngica do Shilajit
- Atividade anti-cancro do Shilajit

- **Atividade antibacteriana do Shilajit:**

A investigação sugere que o Shilajit pode exibir efeitos antibacterianos contra várias estirpes de bactérias. As propriedades antibacterianas do Shilajit são atribuídas à sua composição complexa, que inclui ácido fúlvico, ácido húmico e outros compostos bioactivos. Aqui estão alguns pontos-chave sobre os efeitos antibacterianos do Shilajit:

- **Ácido fúlvico:**

O ácido fúlvico, um dos principais componentes do Shilajit, tem sido estudado pelas suas propriedades antibacterianas. Acredita-se que rompe as membranas celulares bacterianas e inibe o crescimento e a replicação de certas bactérias.

- **Ácido húmico:**

O ácido húmico, outro componente encontrado no Shilajit, também demonstrou atividade antibacteriana em estudos de investigação. Pode interferir com as funções das células bacterianas e contribuir para os efeitos antibacterianos gerais do Shilajit.

- **Iões metálicos:**

O Shilajit contém vários minerais, e alguns destes minerais podem desempenhar um papel nos seus efeitos antibacterianos. Os iões metálicos, como o cobre e o zinco, presentes no Shilajit, têm propriedades antibacterianas conhecidas e podem afetar o crescimento bacteriano.

- **Atividade de largo espetro:**

Estudos indicaram que o Shilajit apresenta atividade antibacteriana contra uma série de bactérias, incluindo estirpes Gram-positivas e Gram-negativas. Esta atividade de largo espetro é promissora para potenciais aplicações terapêuticas.

- **Efeitos sinérgicos:**

A combinação de diferentes compostos bioactivos no Shilajit pode levar a efeitos sinérgicos, aumentando a sua atividade antibacteriana global.

É importante notar que, embora a pesquisa sugira propriedades antibacterianas, os mecanismos específicos pelos quais o Shilajit actua contra as bactérias e a extensão total da sua eficácia ainda são áreas de investigação em curso. Além disso, a concentração e a pureza do Shilajit, bem como as estirpes bacterianas específicas testadas, podem influenciar os resultados dos estudos.

Como acontece com qualquer remédio natural, é crucial abordar o uso do Shilajit com cautela. Se estiver a considerar o Shilajit para fins antibacterianos, é aconselhável consultar profissionais de saúde, especialmente para indivíduos com condições de saúde específicas ou que estejam a tomar medicamentos. É necessária mais investigação, incluindo ensaios clínicos, para compreender melhor o potencial antibacteriano do Shilajit e as suas aplicações em vários contextos.

- **Atividade Anti-Viral do Shilajit:**

A investigação sobre a atividade antiviral do Shilajit é limitada e, embora existam algumas provas que sugerem potenciais propriedades antivirais, são necessários mais estudos para estabelecer a sua eficácia e mecanismos de ação contra vírus específicos. A composição complexa do Shilajit, incluindo ácido fúlvico, ácido húmico, minerais e outros compostos bioactivos, levou os investigadores a investigar o seu potencial antiviral. Aqui estão alguns pontos-chave sobre o Shilajit e a sua potencial atividade antiviral:

  - **Ácido fúlvico:**

O ácido fúlvico, um dos principais componentes do Shilajit, tem sido estudado pelas suas propriedades antivirais. O ácido fúlvico pode interferir com o ciclo de replicação dos vírus e inibir a sua capacidade de infetar as células hospedeiras.

  - **Modulação imunitária:**

Alguns estudos sugerem que o Shilajit pode ter efeitos imunomoduladores. Um sistema imunitário que funcione bem é crucial para combater infecções virais. A influência potencial do Shilajit no sistema imunitário poderia contribuir para a atividade antiviral.

  - **Efeitos Antioxidantes:**

As propriedades antioxidantes do Shilajit podem desempenhar um papel na proteção das células contra o stress oxidativo induzido por infecções virais. O stress oxidativo está frequentemente associado à replicação viral e à patogénese.

  - **Iões metálicos:**

O conteúdo mineral do Shilajit, incluindo o cobre e o zinco, pode contribuir para os seus efeitos antivirais. Certos iões metálicos têm propriedades antivirais conhecidas.

  - **Efeitos sinérgicos:**

A combinação de vários compostos bioactivos no Shilajit pode levar a efeitos sinérgicos, aumentando potencialmente a sua atividade antiviral.

É crucial salientar que a investigação disponível é preliminar, e os efeitos antivirais específicos do Shilajit contra determinados vírus necessitam de mais investigação. Além disso, a atividade antiviral do Shilajit pode variar dependendo da sua fonte e qualidade.

Embora o Shilajit seja promissor, não deve ser considerado um substituto para medicamentos antivirais ou vacinas estabelecidas. Se tiver preocupações sobre infecções virais ou estiver a procurar intervenções antivirais, é aconselhável consultar profissionais de saúde que possam fornecer orientações e recomendações baseadas em evidências e adaptadas às suas necessidades específicas de saúde.

- **Atividade anti-fúngica do Shilajit:**

O Shilajit tem sido investigado pela sua potencial atividade antifúngica e alguns estudos sugerem que pode apresentar efeitos inibitórios contra vários fungos. A composição complexa do Shilajit, incluindo ácido fúlvico, ácido húmico e outros compostos bioactivos, contribui para as suas propriedades antimicrobianas, incluindo a atividade antifúngica. Eis alguns pontos-chave relativos ao potencial anti-fúngico do Shilajit:

  - **Ácido fúlvico:**

O ácido fúlvico, um dos principais componentes do Shilajit, foi estudado pelas suas propriedades antifúngicas. Pode perturbar a estrutura e a função das mesbranas celulares dos fungos, inibindo o crescimento e a sobrevivência de certos fungos.

- **Ácido húmico:**

O ácido húsico, outro componente encontrado no Shilajit, foi investigado pela sua atividade antifúngica. Pode interferir com os processos metabólicos dos fungos, conduzindo a efeitos inibitórios.

- **Iões metálicos:**

O Shilajit contém vários minerais, e alguns destes minerais podem contribuir para os seus efeitos anti-fúngicos. Os iões metálicos, como o cobre e o zinco, são conhecidos pelas suas propriedades antifúngicas e podem interromper o crescimento dos fungos.

- **Efeitos sinérgicos:**

A combinação de diferentes compostos bioactivos no Shilajit pode resultar em efeitos sinérgicos, aumentando a sua atividade antifúngica global.

Estudos exploraram a eficácia do Shilajit contra várias estirpes de fungos, incluindo os responsáveis por infecções comuns. No entanto, os mecanismos específicos pelos quais o Shilajit exerce os seus efeitos anti-fúngicos não são totalmente compreendidos, e é necessária mais investigação para determinar a sua eficácia contra diferentes fungos.

É importante notar que, embora o Shilajit possa ser promissor como um agente antifúngico natural, o seu uso para este fim deve ser abordado com cautela. Se estiver a lidar com uma infeção fúngica ou outros problemas de saúde, é aconselhável consultar profissionais de saúde para um diagnóstico e tratamento adequados. Além disso, a qualidade e a autenticidade do produto Shilajit devem ser consideradas para garantir a sua eficácia e segurança.

Tabela Esta tabela mostra as diferentes bactérias presentes no shilajit

Bactérias Gram positivas
• S. aureus • S. saprophyticus • S. pneumoniae • B. Substilis
Bactérias Gram negativas
• Salmonella Para typhi • Shigella dysenterae • E. coli • Klebsiella • Acinetobacter • Citrobacter • Salmonella typhi • Klebsiella oxytoca

• Fluorescência
Levedura • Candida albicans

- **Atividade anti-cancro do Shilajit:**

A pesquisa sobre a potencial atividade anti-cancerígena do Shilajit é uma área de investigação em curso, e há um interesse crescente em compreender os efeitos do Shilajit nas células cancerígenas. No entanto, é crucial notar que, embora alguns estudos sugiram certas propriedades anti-cancerígenas, é necessária uma investigação mais abrangente, incluindo ensaios clínicos, para estabelecer a sua eficácia e segurança na gestão do cancro. Aqui estão alguns pontos-chave relacionados com a potencial atividade anti-cancro do Shilajit:

- **Efeitos Antioxidantes:**

O Shilajit é rico em antioxidantes, incluindo o ácido fúlvico, que pode ajudar a combater o stress oxidativo. O stress oxidativo está implicado no desenvolvimento e progressão do cancro, e pensa-se que os antioxidantes protegem as células deste stress.

- **Propriedades anti-inflamatórias:**

A inflamação está associada ao desenvolvimento do cancro, e o Shilajit tem sido estudado pelos seus potenciais efeitos anti-inflamatórios. Ao modular as respostas inflamatórias, o Shilajit pode contribuir para a prevenção ou tratamento do cancro.

- **Modulação do sistema imunitário:**

Alguns estudos sugerem que o Shilajit pode ter efeitos imunomoduladores. Um sistema imunitário que funcione bem é crucial para reconhecer e eliminar células anormais, incluindo as células cancerígenas.

- **Indução de apoptose:**

A apoptose, ou morte celular programada, é um processo natural que elimina as células danificadas ou anormais. Algumas pesquisas exploraram se o Shilajit pode induzir a apoptose em células cancerígenas, contribuindo para a sua eliminação.

- **Inibição da Proliferação Celular:**

O Shilajit tem sido investigado pelo seu potencial para inibir a proliferação de células cancerígenas, impedindo o seu crescimento e divisão descontrolados.

- **Conteúdo de iões metálicos:**

O Shilajit contém vários minerais e alguns estudos sugerem que certos iões metálicos podem desempenhar um papel nos seus efeitos anticancerígenos.

É importante enfatizar que, embora os estudos preliminares se mostrem promissores, é necessária uma investigação mais rigorosa, particularmente ensaios clínicos em humanos, para confirmar o potencial anti-cancro do Shilajit e para determinar os seus mecanismos de ação específicos. Além disso, as respostas individuais ao Shilajit podem variar, e não deve ser usado como um substituto para os tratamentos convencionais contra o cancro.

Se você ou alguém que você conhece está a lidar com o cancro, é crucial consultar oncologistas e profissionais de saúde para opções de tratamento baseadas em evidências e conselhos personalizados. Qualquer uso do Shilajit como terapia complementar ou alternativa deve ser feito sob a orientação de profissionais de saúde.

Perspectivas futuras do Shilajit

♦ Perspectivas futuras do Shilajit:

As perspectivas futuras do Shilajit envolvem uma maior exploração dos seus potenciais benefícios para a saúde, a investigação científica em curso e a sua integração nas práticas de cuidados de saúde correntes.

Eis algumas perspectivas potenciais de futuro para o Shilajit:

- **Investigação clínica e ensaios clínicos:**

A investigação e os ensaios clínicos contínuos e alargados são essenciais para compreender melhor os efeitos específicos na saúde e os mecanismos de ação do Shilajit. Estudos bem concebidos, incluindo ensaios controlados aleatórios, podem fornecer provas mais conclusivas sobre a sua eficácia para várias condições de saúde.

- **Identificação de compostos activos:**

A investigação destinada a identificar e isolar os compostos bioactivos específicos responsáveis pelos efeitos do Shilajit pode contribuir para o desenvolvimento de terapias e formulações específicas.

- **Normalização e Controlo de Qualidade:**

O estabelecimento de métodos padronizados para a extração, processamento e controlo de qualidade dos produtos de Shilajit é crucial. Isto assegura a consistência na qualidade do produto e permite comparações fiáveis entre estudos.

- **Integração na medicina corrente:**

Dependendo dos resultados de uma investigação rigorosa, existe potencial para a integração do Shilajit nas práticas médicas correntes, quer como agente terapêutico autónomo quer como abordagem complementar em determinadas condições de saúde.

- **Nutracêuticos e alimentos funcionais:**

O Shilajit pode encontrar o seu caminho no desenvolvimento de nutracêuticos e alimentos funcionais. Os produtos fortificados com Shilajit poderão ser concebidos para proporcionar benefícios específicos para a saúde.

- **Aplicações farmacêuticas:**

Se os compostos bioactivos específicos do Shilajit forem identificados e validados, poderão servir de base para o desenvolvimento de medicamentos destinados a problemas de saúde específicos.

- **Sensibilização e educação dos consumidores:**

É essencial aumentar a consciencialização e educar os consumidores sobre os potenciais benefícios e a utilização adequada do Shilajit. Isso inclui o fornecimento de informações sobre a origem, qualidade e considerações de segurança.

- **Expansão do mercado global:**

À medida que a compreensão científica aumenta, o mercado global de produtos à base de Shilajit pode expandir-se, atingindo um público mais vasto que procura remédios naturais e tradicionais.

- **Suplementos alimentares:**

O Shilajit pode tornar-se um ingrediente-chave no desenvolvimento de nutracêuticos e suplementos dietéticos destinados a proporcionar benefícios holísticos para a saúde. As formulações podem visar problemas de saúde específicos, com o Shilajit a desempenhar um papel central

- **Quadros regulamentares:**

O desenvolvimento de quadros regulamentares e normas claras para os produtos de Shilajit pode garantir a segurança dos consumidores e facilitar uma comercialização e distribuição responsáveis.

- **Colaboração com os sistemas de medicina tradicional:**

A colaboração entre os sistemas de medicina tradicional, como a Ayurveda, e as práticas modernas de cuidados de saúde pode contribuir para uma compreensão mais abrangente das utilizações tradicionais e das potenciais aplicações terapêuticas do Shilajit.

Embora o Shilajit tenha uma longa história de utilização tradicional, as suas perspectivas futuras dependerão de uma validação científica sólida, de considerações regulamentares e de práticas de mercado responsáveis. A investigação contínua e a colaboração entre o conhecimento tradicional e a ciência moderna serão fundamentais para libertar todo o potencial do Shilajit.

Referências

- Wilson, Eugene; Rajamanickam, G. Victor; Dubey, G. Prasad; Klose, Petra; Musial, Frauke; Saha, F. Joyonto; Rampp, Thomas; Michalsen, Andreas; Dobos, Gustav J. (2011-06-14). "Revisão sobre o shilajit usado na medicina tradicional indiana". Jornal de Etnofarmacologia. **136** (1): 1–9. doi:10.1016/j.jep.2011.04.033. ISSN 1872-7573. PMID 21530631.
- Saltar para: [a] [b] "MUMIYO - Grande enciclopédia russa - versão eletrónica". bigenc.ru. Recuperado em 2022-08-01.
- ^ Hill, Carol A.; Forti, Paolo (1997). Minerais das cavernas do mundo. Sociedade Nacional de Espeleologia. ISBN 978-1-879961-07-4. [page needed]
- ^ Rahmani Barouji, Solmaz; Saber, Amir; Torbati, Mohammadali; Fazljou, Seyyed Mohammad Bagher; Yari Khosroushahi, Ahmad (2020). "Efeitos benéficos para a saúde de Moomiaii na medicina tradicional". Jornal Médico Galeno. **9**: e1743. doi: 10.31661 / gmj.v9i0.1743. ISSN 2322-2379. PMC 8343599. PMID 34466583.
- ^ Winston, David; Maimes, Steven (2007-03-22). "Parte dois: Materia medica. 7. Monografias sobre Adaptogénios. Shilajit". Adaptogens: Ervas para força, resistência e alívio do stress. Inner Traditions / Bear & Co. p. 129. ISBN 978-1-59477-158-3.
- ^ Kloskowski, T.; Szeliski, K.; Krzeszowiak, K.; Fekner, Z.; Kazimierski, Ł; Jundziłł, A.; Drewa, T.; Pokrywczyńska, M. (2021-11-19). "Mumio (Shilajit) como um potencial quimioterápico para o tratamento do câncer de bexiga urinária". Relatórios científicos. **11** (1): 22614. Bibcode:2021NatSR..1122614K. doi:10.1038/s41598-021-01996-8. ISSN 2045-2322. PMC 8604984. PMID 34799663.
- Govindarajan R, Vijayakumar M, Pushpangadan P.J Ethnopharmacol. 2005 Jun 3;99(2):165-78. doi: 10.1016/j.jep.2005.02.035. Epub 2005 Apr 26.PMID: 15894123
- Cornejo A, Jiménez JM, Caballero L, Melo F, Maccioni RB. O ácido fúlvico inibe a agregação e promove a desmontagem das fibrilas de tau associadas à doença de alzheimer. *Journal of Alzheimer's Disease.* 2011;27(1):143-153.
- Ghosal S. Chemistry of *shilajit*, an immunomodulatory Ayurvedic rasayan. *Química Pura e Aplicada.* 1990;62(7):1285–1288.
- N. Chopra R, C. Chopra I, L. Handa K, D. Kapoor K. *In Indigenous Drugs of India.* Calcutá, Índia: U.N. Dhar & Sons; 1958.
- Agarwal SP, Khanna R, Karmarkar R, Anwer MK, Khar RK. *Shilajit*: uma revisão. *Investigação em Fitoterapia.* 2007;21(5):401-405.
- Ghosal S, Reddy JP, Lal VK. *Shilajit* I: constituintes químicos. *Jornal de Ciências Farmacêuticas.* 1976;65(5):772-773.
- Khanna R, Witt M, Khalid Anwer M, Agarwal SP, Koch BP. Caracterização espectroscópica de ácidos fúlvicos extraídos do exsudado de rocha *shilajit* . *Geoquímica Orgânica.* 2008;39(12):1719–1724.

- Mittal P, Kaushik D, Gupta V, Bansal P, Khokra S. Therapeutic potential of "Shilajit Rasayana"-A Review. *Jornal Internacional de Investigação Farmacêutica e Clínica.* 2009;1(2):47-49.
- M. S. Islam K, Schumacher A, M. Gropp J. Humic acid substances in animal agriculture. *Jornal de Nutrição do Paquistão.* 2005;4:126-134.
- Vucskits AV, Hullár I, Bersényi A, Andrásofszky E, Kulcsár M, Szabó J. Effect of fulvic and humic acids on performance, immune response and thyroid function in rats. *Journal of Animal Physiology and Animal Nutrition.* 2010;94(6):721-728.
- Schepetkin IA, Xie G, Jutila MA, Quinn MT. Atividade fixadora de complemento do ácido fúlvico do *shilajit* e de outras fontes naturais. *Phytotherapy Research.* 2009;23(3):373-384.1
- Kong YC, But PPH, Ng KH, et al. Chemical studies on a Nepalese *Panacea-shilajit* (I) *International Journal of Crude Drug Research.* 1987;25(3):179-182.
- Ghosal S, Lal J, Singh SK, Goel RK, Jaiwal AK, Bhattacharya SK. A necessidade de formulação de *shilajit* pelos seus constituintes activos isolados. *Investigação em Fitoterapia.* 1991;5(5):211-216.
- Ghosal S, Mukherjee B, K. Bhattacharya S. *Shilajit - um* estudo comparativo das descobertas científicas antigas e modernas. *Jornal Indiano de Medicina Indígena.* 1995;17:1-10.
- Ghosal S, Singh SK, Kumar Y, et al. *Shilajit.* 3. Antiulcerogénico de ácidos fúlvicos e 4-metoxi-6-carbometoxibifenil isolado de shilaji. *Investigação em Fitoterapia.* 1988;2(4):187-191.
- Ghosal S, Lata S, Kumar Y, Gaur B, Misra N. Interação do *shilajit* com radicais livres biogénicos. *Indian Journal of Chemistry B.* 1995;34:596-602.
- Bhattacharya SK, Sen AP. Efeitos do *shilajit* nos radicais livres biogénicos. *Investigação em Fitoterapia.* 1995;9(1):56-59 .
- K. Jaiswal A, K. Bhattacharya S. Effects of *shilajit* on memory, anxiety and brain monoamines in rats. *Jornal Indiano de Farmacologia.* 1992;24:12-17.
- Bhattacharya SK. *Shilajit* atenua a diabetes mellitus induzida por estreptozotocina e diminui a atividade da superóxido dismutase das ilhotas pancreáticas em ratos. *Investigação em Fitoterapia.* 1995;9(1):41-44.
- Wang C, Wang Z, Peng A, Hou J, Xin W. Interação entre ácidos fúlvicos de diferentes origens e radicais de oxigénio activos. *Ciência na China, Série C.* 1996;39(3):267-275.
- Ghosal S, Lal J, Singh SK, et al. Efeitos protectores dos mastócitos do *shilajit* e dos seus constituintes. *Investigação em Fitoterapia.* 1989;3(6):249-252.
- Acharya SB, Frotan MH, Goel RK, Tripathi SK, Das PK. Acções farmacológicas do *shilajit*. *Jornal Indiano de Biologia Experimental.* 1988;26(10):775-777.
- Shalini, Srivastava R. Antifungal activity screening and hplc analysis of crude extract from Tectona grandis, *shilajit*, Valeriana wallachi. *Jornal Eletrónico de Química Ambiental, Agrícola e Alimentar.* 2009;8(4):218-229.
- Mirza MA, Agarwal SP, Rahman MA, et al. Papel do ácido húmico na administração oral de um medicamento antiepilético. *Desenvolvimento de medicamentos e farmácia industrial.* 2011;37(3):310-319.
- Meena H, K. Pandey H, C. Arya M, Ahmed Z. *Shilajit*: uma panaceia para problemas de alta altitude. *Jornal Internacional de Investigação Ayurveda.* 2010;1(1):37-40.

- Wilson E, Rajamanickam GV, Dubey GP, et al. Revisão sobre o *shilajit* utilizado na medicina tradicional indiana. *Journal of Ethnopharmacology*. 2011;136(1):1-9.
- Pandit S, Biswas S, Jana U, De RK, Mukhopadhyay SC, Biswas TK. Avaliação clínica do Shilajit purificado nos níveis de testosterona em voluntários saudáveis. Andrologia [Internet]. 2016 Jun 1 [cited 2022 Mar 23];48(5):570-5. Disponível em: https://pubmed.ncbi.nlm.nih.gov/26395129/
- 2. Carrasco-Gallardo C, Guzmán L, MacCioni RB. Shilajit: A Natural Phytocomplex with Potential Procognitive Activity. Jornal Internacional da Doença de Alzheimer [Internet]. 2012 [citado 2022 Mar 23];2012. Disponível em: https://pubmed.ncbi.nlm.nih.gov/22482077/
- 3. Meena H, Pandey HK, Arya MC, Ahmed Z. Shilajit: Uma panaceia para problemas de altitude. Jornal Internacional de Investigação Ayurveda [Internet]. 2010 [citado 2022 Mar 23];1(1):37. Disponível em: https://pubmed.ncbi.nlm.nih.gov/20532096/
- 4. Shilajit na gestão da anemia por deficiência de ferro [Internet]. [citado 2022 Mar 23]. Disponível em: https://www.researchgate.net/publication/288266508_Shilajit_in_management_of_iron_deficiency_anaemia
- 5. Keller JL, Housh TJ, Hill EC, Smith CM, Schmidt RJ, Johnson GO. The effects of Shilajit supplementation on fatigue-induced decreases in muscular strength and serum hydroxyproline levels. Jornal da Sociedade Internacional de Nutrição Desportiva [Internet]. 2019 Feb 6 [citado 2022 Mar 23];16(1). Disponível em: https://pubmed.ncbi.nlm.nih.gov/30728074/
- 6. Joukar S, Najafipour H, Dabiri S, Sheibani M, Sharokhi N. Efeito cardioprotector de Mumie (Shilajit) na lesão miocárdica induzida experimentalmente. Toxicologia Cardiovascular 2014 14:3 [Internet]. 2014 Jan 22 [citado 2022 Mar 23];14(3):214-21.
- 7. Ghasemkhani N, Tabrizi AS, Namazi F, Nazifi S. Efeitos do tratamento com Shilajit nas lesões gástricas induzidas pela aspirina em ratos. Physiological Reports [Internet]. 2021 abril 1 [citado 2022 Mar 23];9(7). Disponível em: https://pubmed.ncbi.nlm.nih.gov/33818003/
- 8. Shilajit um medicamento único da ayurveda [Internet]. [citado 2022 Mar 23]. Disponível em: https://www.researchgate.net/publication/276831443_SHILAJIT_AN_UNIQUE_DRUG_OF_AYURVEDA

- Ghosal S. Sistema de entrega de ingredientes farmacêuticos, nutricionais e cosméticos. Patente dos EUA n.º 6558712, 2003.
- 30. B. Maccioni R, Quiñones L, Saavedra I, Sandoval R. Composição nutracêutica que inclui extrato de *shilajit*, ácido fólico, vitamina B12 e vitamina B6 e a sua utilização para prevenir e/ou tratar doenças neurodegenerativas e/ou a deterioração cognitiva associada ao envelhecimento cerebral. WO 2011/041920. PCT/CL2010/000043 abril, 14. 2011.
- 31. Saper RB, Phillips RS, Sehgal A, et al. Lead, mercury, and arsenic in US- and Indian-manufactured Ayurvedic medicines sold via the internet. *Journal of the American Medical Association.* 2008;300(8):915-923.
- 32. Kales SN, Saper RB. Ayurvedic lead poisoning: an under-recognized, international problem. *Indian Journal of Medical Sciences.* 2009;63(9):379-381.
- 33. Singh S, Mukherjee KK, Gill KD, Flora SJS. Lead-induced peripheral neuropathy following ayurvedic medication (neuropatia periférica induzida por chumbo após medicação ayurvédica). *Indian Journal of Medical Sciences.* 2009;63(9):408-410.

- Kamboj, V. P. (2000). Herbal medicine. *Current Science, 78*, 35-39.

- Agarwal, S. P., Khanna, R., Karmarkar, R., AnwerMd, Kh, & KharR, K. (2007). Shilajit: A review. *Phytotherapy Research, 21*, 401-405.

- Wilson, E., Rajamanickam, G. V., Dubey, G. P., Klose, P., Musial, F., SahaF, J., et al. (2011). Revisão sobre o shilajit utilizado na medicina tradicional indiana. *Journal of Ethnopharmacology, 136*, 1-9.

- Schepetkin, I., Khlebnikov, A., & Kwon, B. S. (2002). Medicamentos a partir de matéria de húmus: Focus on mumie. *Drug Development Research, 57*, 140-159.

- Srivastava, R. S., Kumar, Y., Singh, S. K., & Ghosal, S. (1988). Shilajit, sua fonte e princípios activos. In *Proceedings of the 16th IUPAC (Chemistry of natural products)*. Kyoto Japão, pp. 524.

- Surapaneni, D. K., Adapa, S. R., Preeti, K., Teja, G. R., Veeraragavan, M., & Krishnamurthy, S. (2012). Shilajit atenua os sintomas comportamentais da síndrome da fadiga crônica, modulando o eixo hipotálamo-hipófise-adrenal e a bioenergética mitocondrial em ratos. *Journal of Ethnopharmacology, 143*, 91-99.

- Garedew, A., Feist, M., Schmolz, E., & Lamprecht, I. (2004). Análise térmica do mumiyo, o lendário remédio popular da região dos Himalaias. *Thermochimica Ata,417*(2), 301-309.

- Saqib, M., Kausar, S., & Akhtar, S. (2012). *Efeito do Shilajit no perfil lipídico de ratos albinos hiperlipidémicos e comparação com a sinvastatina.* http://pjmhsonline.com/AprJune2012. Acedido em 12 de junho de 2013.

- Trivedi, N. A., Mazumdar, B., Bhatt, J. D., & Hemavathi, K. G. (2004). Efeito do shilajit na glicose sanguínea e no perfil lipídico em ratos diabéticos induzidos por aloxana. *Indian Journal Pharmacology, 36*, 373-376.

- Gaikwad, N. S., Panat, A. V., Deshpande, M. S., Ramya, K., Khalid, P. U., & Augustine, P. (2012). Efeito do shilajit no coração de Daphnia: Um estudo preliminar. *Jornal de Ayurveda e Medicina Integrativa, 3*(1), 3-5.

- Frolova, L. N., Kiseleva, T. L., Kolkhir, V. K., Baginskaya, A. I., & Trumpe, T. E. (1998). Propriedades antitóxicas do extrato seco padrão de mumijo. *Pharmaceutical Chemistry Journal,32*(4), 26-28.

- Velmurugan, C., Vivek, B., Wilson, E., Bharathi, T., & Sundaram, T. (2012). Avaliação do perfil de segurança do shilajit preto após 91 dias de administração repetida em ratos. *Jornal do Pacífico Asiático de Biomedicina Tropical, 2*(3), 210-214.

- Vivek, B., Wilson, E., Nithya Devi, S. V., Velmurugan, C., & Kannan, M. (2011). Atividade cardioprotetora do shilajit no infarto do miocárdio induzido por isoproterenol em ratos: Uma avaliação bioquímica e histopatológica. *Revista Internacional de Investigação em Farmacologia Fotoquímica, 1*(1), 28-32.

- Rajadurai, M., & Stanely, M. P. (2007). Efeito preventivo da naringina nos marcadores cardíacos, padrões electrocardiográficos e hidrolases lisossomais no enfarte do miocárdio normal e induzido por isoproterenol em ratos Wistar. *Toxicologia, 230*, 178-188.

- Joukar, S., Bashiri, H., Dabiri, S., Ghotbi, P., Sarveazad, A., Divsalar, K., et al. (2012). Efeitos cardiovasculares do chá preto e da nicotina isoladamente ou em combinação contra lesão cardíaca induzida experimental. *Journal of Physiology and Biochemistry, 68*(2), 271-279.

- Joukar, S., Ghasemipour-Afshar, E., Sheibani, M., Naghsh, N., & Bashiri, A. (2013). Efeitos protetores do açafrão (*Crocus sativus*) contra arritmias ventriculares letais induzidas por reperfusão cardíaca em ratos: Um potencial agente anti-arrítmico. *Pharmaceutical Biology, 51*(7), 836-843.

- Joukar, S., Najafipour, H., Mirzaeipour, F., Nasri, H., Ahmadi, M. Y. H., & Badinloo, M. (2013). Efeito modulador do semelil (angipars ™) na lesão cardíaca induzida por isoproterenol. *Jornal de Ciências Experimentais e Clínicas, 12*, 122-129.

- Lowry, O. H., Rosebrough, N. J., Farr, A. L., & Randall, R. J. (1951). Estimativa de proteínas com o reagente de folina-fenol. *The Journal of biological chemistry, 193*, 265-275.

- Ohkawa, H., Ohishi, N., & Yagi, K. (1979). Assay of lipid peroxidation in animal tissues by thiobarbituric acid reaction. *Analytical Biochemistry, 95*, 351-358.

- Joukar, S., Shahouzehi, B., Najafipour, H., Gholamhoseinian, A., & Joukar, F. (2012). Efeito benéfico do chá preto na patogénese cardiovascular induzida pela nicotina em ratos. *Experimental and Clinical Sciences Journal, 11*, 309-317.

- O'Brien, P. J., Landt, Y., & Ladenson, J. H. (1997). Reatividade diferencial do músculo cardíaco e esquelético de várias espécies num imunoensaio de troponina I cardíaca. *Clinical Chemistry, 43*(12), 2333-2338.

- York, M., Scudamore, C., Brady, S., Chen, C., Wilson, S., Curtis, M., et al. (2007). Characterization of troponin responses in isoproterenol-induced cardiac injury in the Hanover Wistar rat. *Toxicologic Pathology, 35*, 606-617.

- Rona, G., Chappel, C. I., Balazs, T., & Gaudry, R. (1959). Uma lesão miocárdica do tipo enfarte e outras manifestações tóxicas produzidas pelo isoproterenol no rato. *Archives of Pathology and Laboratory Medicine, 67*, 443-455.

- Joukar, S., Sheibani, M., & Joukar, F. (2012). Efeito cardiovascular da nifedipina em ratos dependentes de morfina: Evidência hemodinâmica, histopatológica e bioquímica. *Croatian Medical Journal, 53*(4), 343-349.

- Joukar, S., Najafipour, H., Dabiri, S., Sheibani, V., Esmaeili-Mahani, S., Ghotbi, P., et al. (2011). O efeito da coadministração crónica de morfina e verapamil na lesão cardíaca induzida por isoproterenol. *Agentes Cardiovasculares e Hematológicos em Química Medicinal, 9*, 218-224.

- Guyton, A. C., & Hall, J. E. (2011). *Text book of medical physiology* (12ª ed., p. 247). Pennsylvania: Saunders.

- Dash, B. (1991). *Materia medica of ayurveda.* Nova Deli: B Jain Publishers.

- Acharya SB, Fortan MH, Goel RK, Tripathi SK e Das PK. (1988). Pharmacological Actions of Shilajit. Indian Journal of Experimental Biology, 26: 775- 777.
- Agarwal SP, Khanna R, Karmarkar, Anwer MK, Khar RK. (2007). Shilajit: A Review. Phytother Res., 21(5):401-405.
- Alberto Cornejo, José M. Jiménez, Leonardo Caballero, Francisco Melo, Ricardo B. Maccioni (2011) Fulvic Acid Inhibits Aggregation and Promotes Disassembly of Tau Fibrils Associated with Alzheimer's Disease Journal of Alzheimer's Disease 27:143-153. DOI 10.3233/JAD-2011- 110623.
- Betoni, JEC, Mantovani RPP, Barbosa LN, Di Stasi LC, Fernandes Junior A. (2006). Sinergismo entre extrato vegetal e drogas antimicrobianas utilizadas em doenças causadas por Staphylococcus aureus. Mem. Inst. Oswaldo Cruz, 101: 387-390.
- Chopra, RN, Chopra I C, Handa K L & Kapur L D. (1958). Chopra's Indigenous Drug of India. 2ª ED. B.K. Dhur of Academic Publishers, Calcutá, Índia.
- Mittal P.Kaushik D. Gupta V. Bansal P, Khokra S. (2009). Potencial terapêutico de "Shilajit Rasayana" Uma revisão, Revista Internacional de Pesquisa Farmacêutica e Clínica; 1(2): 47-49.
- Mukherjee, Biswapati. (1992). Traditional medicine, proceeding of an International Seminar. pp. 398-
- 319. Hotel Taj Bengal, Calcutá, Índia. Oxford & IBH Publishing, Nova Deli.

- Paul P. (1997). Desenterrar as provas. Chemistry in Britain, pp.32-34.
- Ghosal S. (1990). Chemistry of shilajit, an immunomodulatory Ayurvedic rasayan:, Pur and Applied Chemistry, 62(7):1285-1288.
- Sharma RK, Dash B, Sambita TC. (2000). Escritório da Série Chowkhamba Sanskrit, Varanasi-1,. Vol III Chap 1:3 pg 50-54.Varanasi, Índia.
- Srivastava SR. (2009). Rastreio da atividade antifúngica e análise por HPLC do extrato bruto de Tectona grandis, Shilajit, Valeriana wallachi, Electrical Journal of Environment, Agricultural and food Chemistry, 8(4): 218-229.
- Tritha, Swami Sada Shiva. (1998). The Ayurvedic Encyclopedia. Imprensa do Centro Holístico Ayurveda. Bayville, NY.

THANK
YOU

Printed by Books on Demand GmbH, Norderstedt / Germany